BEI GRIN MACHT SICH IHR WISSEN BEZAHLT

- Wir veröffentlichen Ihre Hausarbeit, Bachelor- und Masterarbeit

- Ihr eigenes eBook und Buch - weltweit in allen wichtigen Shops

- Verdienen Sie an jedem Verkauf

Jetzt bei www.GRIN.com hochladen und kostenlos publizieren

Björn Bendig

Redaktionsstatute und journalistische Autonomie – innere Pressefreiheit als hohes oder überflüssiges Gut?

Exposé für eine Kommunikatorstudie zum Thema innere Pressefreiheit

GRIN Verlag

Bibliografische Information der Deutschen Nationalbibliothek:

Die Deutsche Bibliothek verzeichnet diese Publikation in der Deutschen National-
bibliografie; detaillierte bibliografische Daten sind im Internet über http://dnb.d-
nb.de/ abrufbar.

Dieses Werk sowie alle darin enthaltenen einzelnen Beiträge und Abbildungen
sind urheberrechtlich geschützt. Jede Verwertung, die nicht ausdrücklich vom
Urheberrechtsschutz zugelassen ist, bedarf der vorherigen Zustimmung des Verlages. Das gilt insbesondere für Vervielfältigungen, Bearbeitungen, Übersetzungen,
Mikroverfilmungen, Auswertungen durch Datenbanken und für die Einspeicherung
und Verarbeitung in elektronische Systeme. Alle Rechte, auch die des auszugsweisen
Nachdrucks, der fotomechanischen Wiedergabe (einschließlich Mikrokopie) sowie
der Auswertung durch Datenbanken oder ähnliche Einrichtungen, vorbehalten.

Impressum:

Copyright © 2007 GRIN Verlag GmbH
Druck und Bindung: Books on Demand GmbH, Norderstedt Germany
ISBN: 978-3-640-42295-1

Dieses Buch bei GRIN:

http://www.grin.com/de/e-book/134351/redaktionsstatute-und-journalistische-
autonomie-innere-pressefreiheit

GRIN - Your knowledge has value

Der GRIN Verlag publiziert seit 1998 wissenschaftliche Arbeiten von Studenten, Hochschullehrern und anderen Akademikern als eBook und gedrucktes Buch. Die Verlagswebsite www.grin.com ist die ideale Plattform zur Veröffentlichung von Hausarbeiten, Abschlussarbeiten, wissenschaftlichen Aufsätzen, Dissertationen und Fachbüchern.

Besuchen Sie uns im Internet:

http://www.grin.com/

http://www.facebook.com/grincom

http://www.twitter.com/grin_com

Exposé

für eine Kommunikatorstudie zum Thema

Redaktionsstatute und journalistische Autonomie – innere Pressefreiheit als hohes oder überflüssiges Gut?

von

Björn Bendig

Institut für Journalistik und Kommunikationswissenschaft

SoSe. 2007

Examenscolloquium

Problemstellung

Um den journalistischen Aufgaben in einer (Medien-) Demokratie gerecht zu werden, ist journalistische Autonomie erforderlich. Journalisten müssen unzensiert zu Wort kommen können und auch brisante Themen von gesellschaftlicher Relevanz angehen. Dies setzt eine gesetzlich garantierte Unabhängigkeit vom Staat voraus. Ebenso setzt es jedoch eine garantierte Pressefreiheit innerhalb von Medieninstitutionen voraus. Diese meint: die Freiheit zur Unabhängigen Berichterstattung, die die Meinungsbildung und Meinungsäußerung gegen (übermäßige) kommerzielle Einflüsse ermöglicht und die Presse als Organ der öffentlichen Meinung schützt.

Denn ein ebenso nationales wie globales Phänomen im Journalismus stellt die Beeinträchtigung journalistischer Autonomie durch zunehmende kommerzielle Zwänge dar (vgl. Weischenberg 2001: 61ff). Die Frage ist, ob ein solcher Journalismus in demokratischen Gesellschaften westlicher Ausprägung langfristig seinen zentralen Beitrag leisten kann.

Als quasi erweitertes Wahrnehmungsorgan des jeweiligen Rezipienten fällt ihm Verantwortung zu, die er als soziales Kontroll-, Warn- und Informationssystem innerhalb der Gesellschaft trägt. Ein unabhängiger Journalismus ist konstitutiver Bestandteil einer funktionierenden Demokratie und ist aktiv an der Meinungs- und Willensbildung der Bevölkerung beteiligt. Dabei schützt Art. 5 Abs. 1 S. 2 des Grundgesetzes umfassend das Recht des Verlegers auf Bestimmung, Änderung und Umsetzung der Tendenz seiner Publikation. Die Pressefreiheit schützt daher den Verleger auch vor Beeinträchtigung seiner Grundsatzkompetenz durch arbeitsrechtliche Mitbestimmungs- und Beteiligungsrechte. Die Zugkraft der Pressefreiheit steht hier entgegengesetzt zur inneren Pressefreiheit.

Dem einzelnen Journalisten steht gegenüber dem Verlag lediglich die Detailkompetenz zu, was die Entscheidungsbefugnis über Einzelheiten meint, welche keine weit reichenden Bedeutungen für das Medium haben. Zudem steht dem Journalisten Gewissensfreiheit zu, d. h. ein Schutz vor dem Zwang gegen sein Gewissen Artikel schreiben zu müssen.

Gelegentlich uneins sind sich Verleger und Redakteure in der Frage der Richtlinienkompetenz. Unter Richtlinienkompetenz wird das Recht verstanden, über neu auftretende Fragen von grundsätzlicher, das heißt über die Tagesaktualität hinausgehender Bedeutung für die allgemeine publizistische Haltung der Zeitung zu entscheiden.

Im konkreten Einzelfall ist es schwierig die Grenze zwischen der dem Verleger erlaubten Richtungsbestimmung und der ihm verwehrten textlichen Gestaltung zu ziehen.

Es ist in diesem Kontext jedoch zu kurz gegriffen Pressefreiheit ausschließlich als Verleger-freiheit und damit als ein Abkömmling der Wirtschafts- und Gewerbefreiheit anzusehen. Der Art. 5 Abs. 1 S. 2 GG ist ursprünglich auch nicht in diesem Geiste verfasst worden. Er sichert die freie Meinungsäußerung und –verbreitung und geht nicht auf die Problematik der Gewer-befreiheit in diesem Kontext ein (vgl. Branahl 1979: 87ff).

Eine Pressefreiheit als Verlegerfreiheit birgt auch Risiken für die Journalistische Arbeit, wenn beispielsweise ein Wechsel der Besitzer eines Verlages mit stärkeren Sachzwängen und Per-sonalabbau einhergeht und damit z.b. die Recherchezeit für Journalisten verkürzt wird.

Ein Problem, das aktuell auch in Bezug auf das stärkste Leitmedium für deutsche Journalis-ten, der *Süddeutschen Zeitung*, diskutiert wird, ist dass mit einem Verkauf des Verlages die Ausrichtung der Zeitung stark verändert werden könnte. Das kann die Tendenz der Publikati-on ebenso betreffen, wie die inneren Strukturen und Arbeitsabläufe.

Der Verkauf von Zeitungen an Finanzinvestoren mit hohen Renditeerwartungen, so Kritiker, gehe zu Lasten der journalistischen Qualität. Dies wurde beispielsweise auch 2005 bei der Übernahme der *Berliner Zeitung* und der *Hamburger Morgenpost* durch den britischen Fi-nanzinvestor David Montgomery angeführt.

In Zeiten von starker Kommerzialisierung des (Systems) Journalismus und fortschreitenden medialen Konzentrationsprozessen[1] erheben sich immer wieder Stimmen zur Sicherung von Themen- und Meinungsvielfalt durch Binnenpluralismus. „Wird die Pressevielfalt durch eine Lockerung der Fusionskontrolle aufs Spiel gesetzt, dann muss stattdessen der Hebel redaktio-neller Mitbestimmung angesetzt werden" (Konken 2004).

Die Ausprägung von redaktioneller Mitbestimmung bei einer Zeitung wird in Redaktionssta-tuten geregelt. Diese können jedoch einen recht unterschiedlichen Grad von redaktioneller Mitbestimmung festlegen. Problematisch bleibt dabei, dass Redakteuren praktisch keine Sanktionsmöglichkeiten bei Verstößen gegen ein Statut an die Hand gegeben werden.

Im Pressewesen ist innere Pressefreiheit nicht rechtlich kodifiziert, die Zusammenarbeit von Redaktion und Verleger bzw. Verlagsleitung ist in Statuten geregelt, denen eine rechtliche Grundlage fehlt[2], und die im Konfliktfall in den Händen der Journalisten stumpfe Werkzeuge sein können.

---

[1] Im Wesentlichen beherrschen nur fünf Verlagsgruppen den deutschen Zeitungs- und Zeitschriftenmarkt mit der Folge lokaler Monopolstellungen von publizistischer Macht.

[2] Eine klare Kompetenzenteilung von Verlag und Redaktion, welche am stabilsten auf rechtlichen Füßen stehen sollte, ist bis heute nicht gegeben. Den ernsthaften Versuch die innere Pressefreiheit in einem Presserechtsrah-mengesetz festzuschreiben fand in den 70er Jahren von einer sozialliberalen Bundesregierung statt. Er scheiterte jedoch im Herbst 1974 am Einspruch der Verleger.

Dieser Sachverhalt insgesamt macht eine verstärkte Aufmerksamkeit gegenüber der Problematik der fehlenden rechtlichen Grundlagen und mangelnden Sanktionsmöglichkeiten notwendig. Abgesehen von den Entwicklungen rechtlicher Rahmenbedingungen und den Entwicklungen zur Gestaltung (oder Behebung) von Redaktionsstatuten, sollten empirisch gestützte Erkenntnisse weiteren Aufschluss über die Ausprägung und der Relevanz von innerer Pressefreiheit geben.

Inwieweit Redaktionsstatuten Entscheidungsprogramme innerhalb von Redaktionen zur Stärkung von innerer Pressefreiheit verbindlich regeln, soll – so wie die Bedeutung von innerer Pressefreiheit für die journalistische Arbeit – als ein Teil innerhalb der vorgeschlagenen Untersuchung von Journalisten bewertet werden.

Forschungsstand und Forschungsfragen

Betrachtet man Literatur zum Thema, so ist auffällig, dass der weit größere Teil rechtliche Diskussionen und Bewegungen im Bereich von Redaktionsstatuten abbildet; das gilt sowohl für das Pressewesen als auch für den Rundfunk. Strukturelle Fragen und Prozesse sind hier thematisiert (z.B.: Bacher 1986, 1997; Riem 1979). Ein relativ aktuelles Beispiel dafür gibt Martin Stock mit einer Publikation, in der er innere Medienfreiheit in Hinblick auf die Qualitätssicherung von redaktionellen Inhalten diskutiert[3].

Dabei dienen nach Stock innere Pressefreiheit, journalistische Eigenverantwortung und Redakteursbeteiligung als Vorkehrungen zur Vielfaltsicherung, allgemeiner ausgedrückt: zur Qualitätssicherung im Medienbereich (vgl. Stock 2001: 148). Für die deutsche Presse konstatiert er: „Von einer inneren Pressefreiheit, die den schönen Namen wirklich verdienen würde ist auch heute noch nichts zu sehen" (ebd.: 5). Und es sei eine politische Aufgabe der Legislative, „[…] tragfähige mediengesetzliche Grundlagen einer inneren Medienfreiheit zu schaffen, welche dann durch unternehmensintern zu vereinbarende Redaktionsstatute näher auszugestalten wäre" (Stock 2003: 47f). Da die Ausprägung innerer Pressefreiheit als gering eingeschätzt wird, Erfolge zur Verbesserung der Rundfunkfreiheit stehen dabei auf einem anderen Blatt, sind empirische Untersuchungen sinnvoll, um die Situation der inneren Pressefreiheit weiter zu beleuchten.

Richtet man sein Augenmerk auf bisher erbrachte empirische Arbeiten, so ist auffällig, dass die als gering ausgeprägt geltende innere Pressefreiheit in Redaktionen nicht sehr stark beanstandet und kritisiert wird, bzw. dass der Einfluss unterschiedlicher Faktoren auf die Autono-

---

[3] Diese Arbeit befasst sich im Kern mit dem Rundfunk, in dessen Bereich sich der Ausbau innerer Medienfreiheit durch Redakteursstatute mehr durchgesetzt hat als bei Printmedien.

mie von journalistischen Beiträgen bei quantitativen Befragungen eher als gering eingeschätzt wird.

Als einschlägige Studie zur inneren Pressefreiheit kann das Werk von Elisabeth Noelle-Neumann „Umfragen zur inneren Pressefreiheit" aus zu nennen, in der Ergebnisse von Journalistenbefragungen von 1969/70 und von 1973 abgebildet sind. Die Umfrage von 1973 gilt als repräsentativ für das deutsche Pressewesen, die Befragung von 1969/70 schloss überregionale Zeitungen nicht mit ein, was ihre Aussagekraft schmälert.

Insgesamt kann Noelle-Neumanns Studie, die zu Zeiten kontroverser Debatten zum Thema entstand, als ‚Entwarnungsstudie' gelten, die aufzeigt, „(...) daß sich die Journalisten in ihrer Zeitung frei genug fühlen" (Noelle-Neumann 1977: 15f). Darüber hinaus zeigt sie eine weitere Entwicklung auf, die für das heutige Verständnis von innerer Pressefreiheit von Bedeutung ist. Der Chefredakteur wird zur Schlüsselfigur: „Im laufe der Auseinandersetzung der letzten drei bis vier Jahre haben sich die Kräfte in den Presseunternehmen polarisiert. Der Chefredakteur steht heute mit seinen Ansichten näher beim Verleger" (ebd.: 22f). Damit können Konflikte innerhalb der Redaktion die gleiche, möglicherweise sogar eine größere Rolle spielen als Konflikte zwischen der Redaktion und der Verlagsleitung. Die obere Redaktionelle Führungsebene gewinnt an Bedeutung, da sie prinzipiell die Autonomie von Redakteuren beispielsweise durch verstärktes Gegenlesen und Redigieren sowie starker Themenkontrolle über die Leitung der Redaktionskonferenz, einschränken könnte.

Dass der Einfluss der mittleren und oberen redaktionellen Führungsebene auf Journalisten und ihren Aussagen als der Stärkste eingeschätzt wird, belegt auch die Studie *Journalismus in Deutschland I* (Weischenberg et al. 1994: 154ff), die eine repräsentative Bestandsaufnahme des Systems Journalismus innerhalb der nationalen Grenzen darstellt. Überraschend ist, dass die Ergebnisse der Studie *Journalismus in Deutschland II* einen sinkenden Einfluss fast aller abgefragter Bezugsgruppen im Vergleich zu 1993 feststellt:

Sehr/eher großer Einfluss der Bezugsgruppen in Prozent:

	1993	2005
Mittlere redakt. Führungsebene	*45*	*39*
Obere redakt. Führungsebene	*43*	*32*
Verleger/Verlag/Intendant/Aufsichtsgremien	*24*	*12*
Redakteure/Kollegen	*31*	*23*
Publikum	*34*	*23*
Politische Parteien	*7*	*3*
Familie/Freude/Bekannte	*16*	*9*
Unternehmen und Wirtschaftsverbände	*8*	*10*

Gewerkschaften	*4*	*2*
Kirchen	*3*	*3*
Sportverbände	*7*	*6*
Öffentlichkeitsarbeit im Allgemeinen	*16*	*17*

(Weischenberg et al.2006: 292)

Nur der Öffentlichkeitsarbeit, Unternehmen und Wirtschaftsverbänden wird ein tendenziell stärkerer Einfluss zugesprochen, was gegen die These spricht, dass mit steigendem ökonomischem Druck auf Medien- und Presseunternehmen der Einfluss des Verlags oder der redaktionellen Führungsebenen auf die journalistischen Inhalte ansteige.

Ist damit eine Abgrenzung von Redaktion und Verlag für Journalisten weniger wichtig oder gar unwichtig geworden? Welche Bedeutung haben für sie Redaktionsstatute und Mitspracherechte?

Und was bedeutet dies in Bezug auf innerredaktionelle Einflussgrößen? Haben Redakteure und Journalisten heute mehr Freiraum in der Wahl und Art der Verarbeitung von Themen und also größere journalistische Autonomie?

Die stark angestiegene Praxis des Gegenlesens und die abnehmende Zeit zur Recherche von (eigenen) Themen, die im internationalen Vergleich ohnehin als niedrig gilt, lassen dies fragwürdig erscheinen. Die Zeit für Recherche ist von 1993 bis 2005 von 140 auf 117 Min./Tag gesunken. Die Häufigkeit, mit der die eigenen Beiträge immer oder fast immer gegengelesen werden stieg von 1993 bis 2005 von 37% auf 66% an. Dabei ist als Instanz des Gegenlesens der Unmittelbare Vorgesetzte von 41% auf 73% angestiegen, der Chefredakteur von 23% auf 41% und gleichrangige Kollegen von 36% auf 59% angestiegen. (vgl. Weischenberg et al. 2006: 80/84ff). Dabei kann das intensive Gegenlesen sowohl als Qualitätssicherungsinstrument als auch als Instrument zur Ausübung sozialer und inhaltlicher Kontrolle über die Journalisten und ihrer Beiträge gedeutet werden.

Vor der geschilderten Problemstellung und dem Abriss des Forschungsstandes erschließt sich die für die vorgeschlagene Untersuchung übergeordnete und erkenntnisleitende Forschungsfrage:

Welche Ausprägung hat heute innere Pressefreiheit (Redaktionsstatuten, Mitbestimmungsrechte, journalistische Autonomie innerhalb der Redaktion) bei überregionalen Qualitäts- Tageszeitungen und welche Bedeutung hat diese für die Arbeit der Journalisten?

Da die „Ausprägung" und „Bedeutung" von innerer Pressefreiheit mit vielen Einzelfaktoren verknüpft ist, kann diese Frage durch mehrere untergeordnete Forschungsfragen konkretisiert werden. Diese sollen theoretisch eingebettet werden in die vier systemischen Kontexte des Journalismus nach Weischenberg, dem *Normen-, Struktur-, Funktions-, und Rollenkontext* des Journalismus (vgl. Weischenberg 1998: 71ff).

1. Inwieweit halten Journalisten überregionaler Qualitäts-Tageszeitungen die rechtliche Situation in Bezug auf Rechte zur redaktionellen Mitbestimmung für ausreichend oder unzureichend? (Sollte journalistische Freiheit im Zusammenhang ihrer privatwirtschaftlichen Realisierung institutionell auch dort verankert werden, wo sie in der Praxis schon gegeben ist?)

2. Wie bewerten Journalisten überregionaler Qualitäts-Tageszeitungen die Qualität ihres Redaktionsstatuts?

3. Für wie verbindlich schätzen Journalisten überregionaler Qualitäts-Tageszeitungen Redaktionsstatute (insbesondere in Konfliktfällen) ein, die die Kompetenzen von Verlag und Redaktion trennen? Welche Erfahrungen haben sie bezüglich ihrer Nützlichkeit?

4. Wie definieren Journalisten überregionaler Qualitäts-Tageszeitungen den Geltungsbereich innerer Pressefreiheit? Welche Einflüsse in Bezug auf ökonomische, politische, organisatorische und technologische Imperative stärken ihre journalistische Autonomie, welche schränken sie ein?

5. Wie beurteilen Journalisten überregionaler Qualitäts- Tageszeitungen innerredaktionelle Einflussfaktoren auf die journalistische Unabhängigkeit?

6. Welche Rolle spielt die ‚öffentliche Aufgabe' und die damit verbundene Forderung nach einer Unabhängigen Presse im Rollenselbstverständnis der Journalisten überregionaler Qualitäts-Tageszeitungen?

7. Inwieweit halten Journalisten überregionaler Qualitäts- Tageszeitungen innere Pressefreiheit für ein Instrument zur Qualitätssicherung der Journalistischen Produkte und zur Sicherung des Rechts des Bürgers auf Information?

Den sieben *untergeordneten Forschungsfragen* sollen Hypothesen zugeordnet werden, die mit Hilfe der Ergebnisse einer qualitativen Befragung verifiziert bzw. falsifiziert werden können.

Zielsetzung

Ziel der vorgeschlagenen Untersuchung ist es über ein qualitatives Leitfadeninterview von Redakteuren, die Mitglieder eines Redaktionsausschusses sind oder waren, ein detailliertes Bild darüber zu erhalten, welche Ausprägung innere Pressefreiheit bei überregionalen Qualitäts- Tageszeitungen[4] hat, und welche Bedeutung diese für die Arbeit der Journalisten hat. Innere Pressefreiheit soll hier über Redaktionsstatute, Mitspracherechte und Ausprägung journalistischer Autonomie auch innerhalb der Redaktion thematisiert und erfasst werden. Die Auswahl von Redakteuren bei überregionalen Qualitäts- Tageszeitungen begründet sich sowohl durch die zentrale Stellung, die diese Mediengattung in Bezug auf die öffentliche Aufgabe innerhalb der Gesellschaft einnimmt, als auch durch ihre Funktion als Leitmedien, da ihnen eine Agenda-Setting-Funktion zugeschrieben wird und sie als publizistische Meinungsführer gelten.

Ziel der Untersuchung ist es die Aussagen und Erfahrungen der Befragten auf die unterschiedlichen systemischen Kontexte des Journalismus zu beziehen und die Bedeutung von ausgestalteten Redaktionsstatuten für diese zu erörtern. Eine Bestandsaufnahme der aktuell geltenden Redaktionsstatute wird dabei in Beziehung zu den Aussagen der Redakteure gesetzt. Wie bewerten sie die Statuten? Sind Redaktionsstatute, Mitbestimmungsrechte und journalistische Autonomie noch Thema? Ist innere Pressefreiheit für sie eine konkrete Freiheit? Welche Funktion hat sie für sie im Kontext journalistischer Aussagenentstehung und welche Faktoren beeinflussen die Ausprägung innerer Pressefreiheit? Dabei sollen die Befragten ihren Begriff von innerer Pressefreiheit deutlich machen. Die angegebenen Forschungsfragen und die daraus noch konkret abzuleitenden Hypothesen geben die Stoßrichtung des Erkenntnisinteresses an. Damit werden nicht nur Erkenntnisse über die Verfassung von innerer Pressefreiheit bei überregionalen Qualitäts- Tageszeitungen über die Redaktionsstatuten und den damit gemachten Erfahrungen in der Praxis gesammelt, sondern auch zu Einflussfaktoren und zum Rollenselbstverständnis der befragten Redakteure.

Methodik

Als Methode für die Untersuchung wird die qualitative Befragung als Leitfadeninterview gewählt. Diese soll nach Möglichkeit persönlich erfolgen. Damit legt die vorgeschlagene Unter-

---

[4] Zu den überregionalen Qualitäts-Tageszeitungen werden gemeinhin *Die Welt*, *Süddeutsche Zeitung*, *Frankfurter Allgemeine Zeitung* und *Frankfurter Rundschau* gezählt

suchung keinen Wert auf Repräsentativität, sondern versucht den Gegenstand der Untersuchung so umfassend und offen wie möglich zu gestalten. Vorteil dieser offenen Methode ist, dass die Befragten nicht auf das Zustimmen von vorgegebenen Antworten reduziert werden, sondern selbst zu Wort kommen, und dass es die Möglichkeit der gezielten Nachfrage des Interviewers gibt.

„Die Tiefenperspektive der Befragten ist wichtiger als die Vergleichbarkeit der Antworten. Oft sind [...] auch Eliten die Forschungsobjekte" (Scholl 2003: 67).

Befragt werden Redakteure überregionaler Qualitäts- Tageszeitungen, die Mitglieder von Redaktionsausschüssen sind oder waren. In ihrer Funktion sind sie für die Befragung als Experten zur Sache besonders geeignet und können unterschiedliche Stellungen in der Hierarchie der Redaktion einnehmen, jedoch nicht der Chefredaktion angehören.[5]

Nach der Einordnung der inneren Pressefreiheit in die unterschiedlichen systemischen Kontexte werden Forschungsfragen und Hypothesen der Untersuchung formuliert. Sie ergeben sich aus der theoretischen Erörterung. Anschließend wird ein Fragebogen erstellt, durch den Daten erhoben werden, die die Hypothesen verifizieren bzw. falsifizieren können.

Die Befragung bietet sich an, um innerredaktionelle Einflussfaktoren und Abläufe berücksichtigen zu können. Hinzu kommt, dass die Einschätzung der Bedeutung von innerer Pressefreiheit von den Medienakteuren selbst eingestuft werden kann. Was versteht der Journalist unter innerer Pressefreiheit und durch welche Faktoren sieht er sie am ehesten gestört? Die Redaktion wird als Ort der Aussagenproduktion in den Blick genommen. Dabei werden die Aussagen der Akteure an die unterschiedlichen systemischen Kontexte rückgebunden, die Fragen werden auf die systemischen Kontexte hin gestellt. Bei qualitativer Vorgehensweise können so auch Einflussfaktoren über Situationsbeschreibungen und Einschätzungen der Akteure abgebildet werden, die bisher unbekannt waren. Dieses Vorgehen wird deshalb vorgeschlagen, weil die Verknüpfung von dem systemtheoretischem Hintergrund und der Methode der qualitativen Befragung erlaubt eben diese Aussagen und Einschätzungen gezielt den systemischen Kontexten zuzuordnen um gezielt Einflussfaktoren ausfindig zu machen.

Dies sind Vorteile gegenüber einer quantitativen Befragung. Setzt sich der Forscher durch das qualitative Vorgehen mit den Aussagen der Befragten intensiv auseinander, kann er zu umfangreicheren und komplexeren Ergebnissen als durch rein quantitatives Vorgehen gelangen, da bei der Analyse nicht quantifizierende Generalisierungen im Vordergrund stehen, sondern die verschiedenen Aspekte der Wirklichkeitswahrnehmung ausgewählter Befragter beleuchtet

---

[5] Eine Befragung der Chefredakteure wäre ebenfalls interessant, um sie mit Einschätzungen von Mitgliedern der Redaktionsausschüsse zu vergleichen, kann aber nicht vorausgesetzt werden und geht vielleicht über den Rahmen einer Magisterarbeit hinaus.

werden. Dabei liegt Offenheit im Hinblick auf das theoretische Konzept vor, so dass Forschungsfragen im Laufe der Arbeit verändert oder erweitert werden können.

Bei der Auswertung der Befragung sollen die Möglichkeiten digitaler Codiermittel (*MaxQda 2*) für qualitative Untersuchungen genutzt werden. Der vorgeschlagene Forschungsprozess kann folgendermaßen veranschaulicht werden (vgl. Brosius/Koschel 2001: 33).

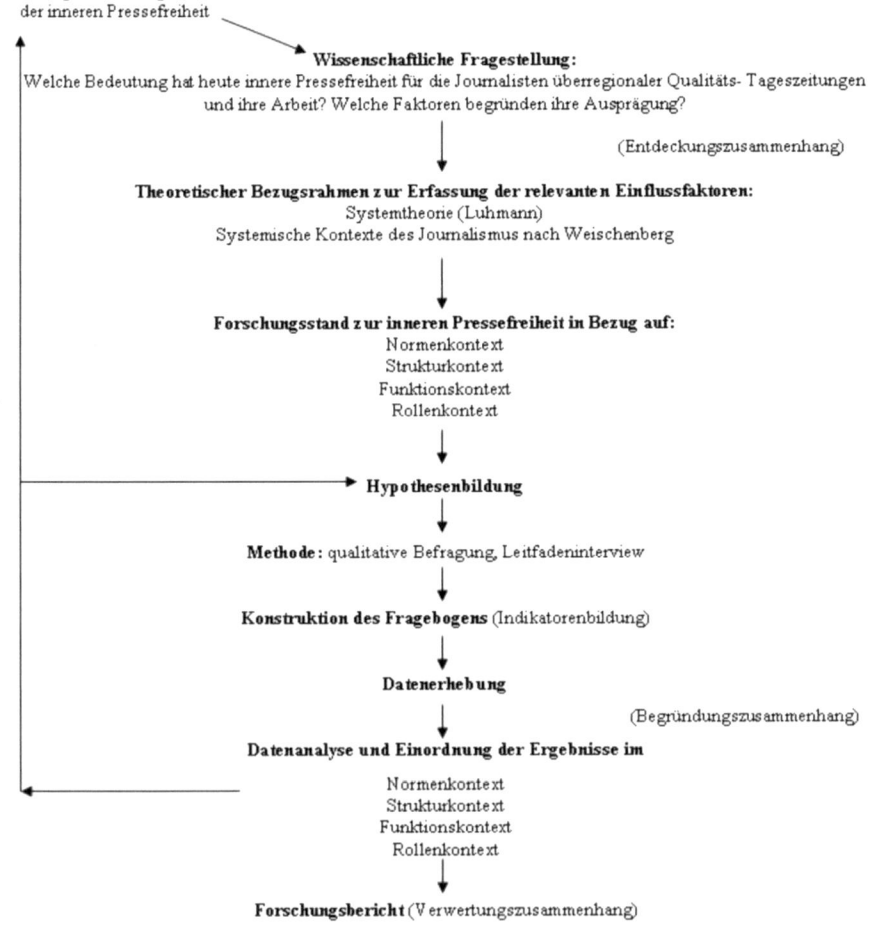

Quellenverzeichnis:

Branahl, Udo (1979): Pressefreiheit und redaktionelle Mitbestimmung. Frankfurt/New York: Campus Verlag.

Brosius, Hans-Bernd; Koschel, Friederike (2001): Methoden der empirischen Sozialforschung, Wiesbaden: Westdeutscher Verlag.

Hoffmann-Riem, Wolfgang (1979): Innere Pressefreiheit als politische Aufgabe. Über die Bedingungen und Möglichkeiten arbeitsteiliger Aufgabenwahrnehmung in der Presse, Neuwied/Darmstadt: Luchterhand.

Holtz-Bacher, Christina (1997): Innere Medienfreiheit- Wiederbelebung durch den Gesetzgeber, in: Publizistik, 42. Jg., 1997/3: 287-303.

Holtz-Bacher, Christina (1986): Mitspracherechte für Journalisten. Redaktionsstatuten in Presse und Rundfunk, Köln: Studienverlag Hayit.

Konken, Michael (2004): Hohes Gut mit hohlem Klang. Wohin bewegt sich die innere Pressefreiheit in Deutschland? Unter: http://www.djv.de/dritter_mai/hohes_gut.html.

Noelle-Neumenn, Elisabeth (1977): Umfragen zur inneren Pressefreiheit, Düsseldorf: Dorste

Scholl, Armin (2003): Die Befragung. Sozialwissenschaftliche Methode und kommunikationswissenschaftliche Anwendung, Konstanz: UVK

Stock, Martin (2001): Innere Medienfreiheit- Ein modernes Konzept der Qualitätssicherung. Mit Textanhang: Redakteursstatute im Rundfunk, Baden-Baden: Nomos.

Stock, Martin (2003): Innere Medienfreiheit energisch ins Spiel bringen: Die DJV-Initiative Qualität im Journalismus, in: C. Rosenthal (Hrsg.): Zensur, Bonn: 2003.

Weischenberg, Siegfried; Malik, Maja; Scholl, Armin (2006): Die Souffleure der Mediengesellschaft. Report über die Journalisten in Deutschland, Konstanz: UVK Verlagsgesellschaft.

Weischenberg, Siegfried (2001): Das Ende einer Ära? Aktuelle Beobachtungen zum Studium des künftigen Journalismus, in: H. J. Kleinsteuber (Hrsg.): Aktuelle Medientrends den USA, Wiesbaden: Westdeutscher Verlag: S. 61-82.

Weischenberg, Siegfried; Löffelholz, Martin; Scholl, Armin (1994): Merkmale und Einstellungen von Journalisten. In: Media Perspektiven 4/94.

Weischenberg, Siegfried (1998): Journalistik. Theorie und Praxis aktueller Medienkommunikation, Opladen/Wiesbaden: Westdeutscher Verlag.